BORIS TZAPRENKO

Qui vous conduit ?

Copyright © Aout 2021 Boris TZAPRENKO
Tous droits réservés.
Texte protégé par les lois et traités internationaux
relatifs aux droits d'auteur.
Édition : BoD – Books on Demand, 12/14 rond-point des
Champs-Élysées, 75008 Paris
Impression : BoD - Books on Demand, Norderstedt, Allemagne
ISBN: 9782322402755
Dépôt légal : Decembre 2021

Table des matières

Descendants de la prudence..7
- Appel à la tradition..8
- Loi de Hume...10
- Néophobie...12
- Les tribulations abracadabrantesques du choix personnel..............20

Idées clandestines à bord de notre esprit.................23

La conscience de soi..27
- La conscience extérieure......................................28
- La conscience intérieure......................................30

Troupeau-tropisme...35
- Le tropisme normatif des mots.................................37
- Autres liens entre idées clandestines et langage...............37
- Expériences de Solomon Asch..................................40
- Mème..41
- Utiliser le troupeau-tropisme pour convaincre.................43
- S'écarter du troupeau...44

Les enfants de l'égocentrisme..............................49

Sophismes, biais cognitifs...................................55
- Homme de paille...57
- Appel à la nature...59

    Une enquête du B3i..65
    Appel à la majorité...93
    Biais de confirmation..93
    Biais de statu quo..94
    Dissonance cognitive...95

Le titre de ce livre eût pu être....................................97

Conclusion..99

Index lexical..103

Descendants de la prudence

Quelques humains se sont parfois écartés du chemin des habitudes. Par exemple, pour manger quelque chose que les autres ne consommaient jamais. La personne qui faisait cella prenait le risque de mourir empoisonnée, mais elle pouvait aussi offrir à ses congénères une information précieuse : cette chose peut nous rendre malades, nous tuer ou nous nourrir. Tous ceux qui défiaient les usages, se comportant comme des dévoyés de la routine, comme des iconoclastes d'existences tracées, furent nos inventeurs et nos découvreurs, en un mot nos élites. Leurs comportements inaccoutumés ont été la levure de notre forme de vie. On comprendra que plus une espèce se compose d'individus expérimentateurs, plus elle évolue vite. Mais il ne faut pas que tous soient anticonformistes, car l'espèce se mettrait en danger. Il importe qu'une proportion notable de ses membres préfère la sécurité en ne faisant jamais rien d'autre que ce qui s'est déjà fait. La sélection darwinienne pourrait faire disparaître les espèces qui prennent trop de risques et aussi celles qui n'en prennent pas assez. Ces dernières seraient éliminées par les changements de leur milieu auxquels elles seraient incapables de s'adapter puisqu'elles n'évolueraient pas, ou elles seraient dominées, voire néantisées, par une espèce moins conservatrice. Seules restent en lice les formes de vie comportant une proportion de novateurs suffisante sans être excessive, donc.

Ainsi, nous serions presque tous des enfants de la prudence. Peut-être est-ce là l'une des raisons pour lesquelles un grand nombre d'êtres humains sont ataviquement misonéistes[1] ; la plupart sont perturbés par tout ce qui est nouveau, le non-changement étant pour eux une confortable sécurité. Ceci peut expliquer ce si fort attachement à leur doxa, à leur norme.

Appel à la tradition

Dire d'une chose qu'elle est bonne ou défendable parce qu'elle est ancienne ou traditionnelle est un sophisme appelé « appel à la tradition », en latin : *Argumentum ad antiquitatem.*

---

1 Hostile à l'innovation, au changement. Synonyme : néophobe.

On a toujours fait comme ça, on fait comme ça depuis la nuit des temps… Ces types de phrases sont les expressions les plus communes de ce sophisme, parfois appelé « appel à l'ancienneté ». Là encore, quelques nanosecondes de temps de cerveau permettent de réaliser que l'appel à la tradition n'a aucune pertinence. L'ancienneté de quoi que ce soit n'a aucun rapport avec ce que nous devons en penser, en bien ou en mal.

En France, la fête des feux de la Saint-Jean offrait force réjouissances traditionnelles. L'une d'elles consistait à brûler vifs des chats en public. Extrait d'un texte de la revue *La Mosaïque* de 1835 :

> […] c'était un grand sac de toile attaché au sommet du mât, et dans lequel étaient renfermés vingt-quatre chats, condamnés à être brûlés vifs, pour la plus grande joie des spectateurs. […] pendant que des orchestres, placés sur des estrades mêlaient des fanfares aux clameurs de la multitude et aux miaulements des chats, qui criaient du fond de leur sac, comme s'ils eussent deviné leur sort [2].

Toujours en France, on brûlait des femmes soupçonnées d'être des sorcières, il n'y a pas si longtemps que ça.

Le sophisme de l'appel à la tradition est pourtant souvent utilisé par les défenseurs de la chasse, de la

---

2 Bibliothèque nationale de France : rebrand.ly/ChatsBru.

corrida et d'autres coutumes cruelles et barbares comme la production de foie gras.

Les traditions de sacrifices humains ont longtemps perduré dans la plupart des civilisations. Ce rite était parfois pratiqué par cardiectomie, ce qui consistait à arracher le cœur, encore palpitant, de la cage thoracique en découpant cette dernière avec des outils en silex. Ces pratiques se pratiquaient souvent à grande échelle sur des suppliciés de tout âge ; il n'était pas rare de sacrifier des enfants. Il n'y avait rien de plus normal, c'était la tradition, ça se faisait depuis la nuit des temps.

Quand une chose existe depuis plusieurs vies humaines, elle s'est tellement enracinée dans la doxa qu'elle fait partie de l'inébranlable paysage de nos vies. Elle est acquise pour tous. Il semble que cette chose doit continuer à être, simplement parce qu'elle a toujours été. C'est là le juste moment d'évoquer la loi de Hume.

Loi de Hume

La « loi métaéthique de Hume », également appelée « guillotine de Hume », dit que l'on ne peut inférer d'un être un devoir-être. Autrement dit : de ce qui est, on ne peut déduire ce qui doit être. Formulé à ma façon : d'une description, on ne peut pas déduire une prescription. Ou : ce qui existe n'est pas une recommandation pour ce qui doit exister. Notre manière de concevoir la norme est pourtant fortement influencée par ce qui est. Il y a une gigantesque dose de fatalisme et une colossale résignation dans ce manque d'ambition de l'esprit qui consiste à se dire que ce qui est est ce qui doit être. Cette pensée panglossienne[3] paralyse notre réflexion : « Les choses sont comme ça !... Que voulez-vous, mon brave ? » Cette disposition d'esprit est un énorme frein pour tout changement, donc pour tout progrès. Cet état d'esprit est fortement lié au sophisme de l'appel à la tradition, bien sûr ; plus une chose est ancienne, moins elle sera remise en question.

C'est ainsi que, pendant trop longtemps, les femmes ne votaient pas parce que les femmes ne votaient pas, que le rose était la couleur des petites filles parce que le rose était la couleur des petites filles, que les enfants mâles ne devaient pas pleurer parce que les mâles ne devaient pas pleurer...

C'est ainsi que les femmes portent des jupes et les hommes des pantalons[4], parce que...

C'est ainsi que tout le monde mange de la viande parce que tout le monde mange de la viande et que l'on consomme du lait de vache parce que l'on consomme du lait de vache...

---

3 Pangloss. Personnage de Voltaire : rebrand.ly/Pangloss.
4 Oui, je sais qu'il y a quelques rares exceptions culturelles.

Néophobie

La néophobie[5] fait qu'il faut un certain temps (comme le disait Fernand Raynaud au sujet du refroidissement du canon) pour que la nouveauté soit acceptée. Ce qui est nouveau aujourd'hui sera accepté dans le futur, ce qui est dans la norme aujourd'hui n'était pas accepté dans le passé.

Gil Blas est un quotidien de la presse écrite française, fondé par Auguste Dumont en 1879, voilà la une du 21 mai 1889 :

---

5 Phobie de toutes nouveautés, choses ou idées. Synonyme : misonéisme.

LA COMÉDIE PARISIENNE

J'avais toujours dit que le téléphone nous jouerait des tours. L'aventure du président de la République est un argument de plus en faveur de mon hostilité contre toutes les inventions modernes, qui nous ont souvent apporté plus de désagréments que de bien-être. Les chemins de fer, la plus abominable de toutes, ont, comme je l'ai déjà fait remarquer souvent, tué tout le pittoresque et l'intérêt des voyages. Les télégraphes électriques ont fait à jamais disparaître la correspondance, cette charmante flânerie écrite de l'amitié et de l'amour. Grâce à eux, les plus doux rendez-vous se donnent dans le style des cabinets d'affaires. Parlerai-je de la chimie grâce à laquelle nous sommes empoisonnés, lentement, mais sûrement ? Et quant à l'éclairage et au chauffage, croyez-moi, après avoir épuisé toutes les combinaisons malsaines du charbon de terre, du gaz et de l'électricité, on portera aux nues l'inventeur, qui un beau jour découvrira ces deux choses si simples, le feu de bois et la chandelle.

Si vous voulez en lire plus[6]

---

6 Voir l'article complet *La comédie parisienne* (à droite) : rebrand.ly/Gil-Blas.

Autre exemple de néophobie, Georges Duhamel exprime son aversion pour le cinéma dans *Scènes de la vie future* (1930). Extrait :

> C'est un divertissement d'ilotes, un passe-temps d'illettrés, de créatures misérables, ahuries par leur besogne et leurs soucis. C'est, savamment empoisonnée, la nourriture d'une multitude que les Puissances de Moloch ont jugée, condamnée et qu'elles achèvent d'avilir.
>
> Un spectacle qui ne demande aucun effort, qui ne suppose aucune suite dans les idées, ne soulève aucune question, n'aborde sérieusement aucun problème, n'allume aucune passion, n'éveille au fond des cœurs aucune lumière, n'excite aucune espérance, sinon celle, ridicule, d'être un jour "star" à Los Angeles.
>
> Le dynamisme même du cinéma nous arrache les images sur lesquelles notre songerie aimerait s'arrêter. Les plaisirs sont offerts au public sans qu'il ait besoin d'y participer autrement que par une molle et vague adhésion. Ces plaisirs se succèdent avec une rapidité fébrile, si fébrile même que le public n'a presque jamais le temps de comprendre ce qu'on lui glisse sous le nez. Tout est disposé pour que l'homme n'ait pas lieu de s'ennuyer, surtout ! Pas lieu de faire acte d'intelligence, pas lieu de discuter, de réagir, de participer d'une manière quelconque. Et cette machine

> terrible, compliquée d'éblouissements, de luxe, de musique, de voix humaines, cette machine d'abêtissement et de dissolution compte aujourd'hui parmi les plus étonnantes forces du monde…

Sa diatribe est beaucoup plus longue[7].

La liste exhaustive des inventions qui ont fait l'objet de moqueries ou de sévères critiques serait fort longue. Il faudrait sans doute plusieurs volumes pour toutes les évoquer. Ce n'est pas le but de ce livre.

Mais, bien sûr, le misonéisme ne s'oppose pas qu'aux inventions techno-scientifiques. Il rejette aussi, et peut-être surtout, les idées progressistes.

Comme l'explique l'historien Adam Hochschild dans son livre *Bury the Chains - Prophets and Rebels in the Fight to Free an Empire's Slaves* :

> À Londres, en ce début d'année 1787, si vous disiez à un coin de rue que l'esclavage était moralement condamnable et qu'il devait être rendu illégal, neuf personnes sur dix se seraient esclaffées en vous prenant pour un hurluberlu. La dixième aurait peut-être été d'accord avec vous sur le principe, mais elle vous aurait assuré que mettre fin à l'esclavage était totalement impossible.

---

7 Texte complet : rebrand.ly/Duhamel.

C'était un pays dans lequel la grande majorité des gens, des paysans aux évêques, acceptait l'esclavage comme complètement normal. […]

Ce monde de servitude semblait d'autant plus normal que quiconque regardait dans le passé ne voyait guère autre chose que d'autres systèmes esclavagistes. Les Grecs et les Romains avaient des esclaves ; les Incas et les Aztèques avaient des esclaves ; les textes sacrés de la plupart des grandes religions présentaient l'esclavage comme allant de soi. L'esclavage existait déjà avant l'apparition de la monnaie et de la loi écrite. C'est ainsi qu'était le monde – notre monde – il y a seulement deux siècles, et pour la plupart des gens de cette époque il était impensable qu'il puisse en être autrement.

Il y avait bien des personnes prônant la fin de l'esclavage, mais elles étaient rares et dispersées.

Certes, un sentiment de malaise latent était dans l'air. Mais ressentir un vague trouble, à peine conscient, est une chose ; c'en est une autre que de croire qu'on puisse un jour changer cet état de fait. Le parlementaire Edmund Burke, par exemple, était opposé à l'esclavage, mais pensait que l'idée même de mettre fin au commerce d'esclaves transatlantique (sans parler de l'esclavage lui-même) était « chimérique ». Malgré le malaise que des Anglais de la fin du 18e siècle pouvaient ressentir au sujet de l'esclavage, l'idée d'y mettre un terme semblait un rêve ridicule.

Quand les douze hommes du comité abolitionniste se sont réunis pour la première fois en mai 1787, la poignée de gens qui demandaient ouvertement la fin de l'esclavage ou du commerce esclavagiste étaient regardés comme des farfelus, ou au mieux comme d'incurables idéalistes. La tâche qu'ils entreprirent était si monumentale qu'elle paraissait impossible à n'importe qui d'autre.

Ces hommes, eux, considéraient non seulement que l'esclavage était une atrocité, mais aussi que c'était quelque chose de soluble. Ils pensaient que puisque les humains ont cette capacité de se préoccuper des souffrances des autres, le fait d'exposer au grand jour la vérité inciterait les gens à agir.

En quelques années, la question de l'esclavage est venue au centre de la vie politique britannique. Il y avait un comité pour l'abolition dans chaque ville et commune d'importance. Plus de 300 000 britanniques refusaient de manger du sucre produit par des esclaves. Les pétitions d'abolition inondaient le Parlement de bien plus de signatures qu'il n'en avait jamais reçues sur aucun autre sujet.

Il y a quelque chose de mystérieux au sujet de l'empathie humaine et de ce qui fait que nous la ressentons dans certains cas et pas dans d'autres. Son jaillissement soudain, à ce moment particulier, a pris tout le monde par surprise. Des esclaves et des personnes asservies s'étaient continuellement rebellées au cours de l'histoire, mais la campagne en Angleterre était quelque chose de jamais vu auparavant : c'était la première fois qu'un grand nombre de personnes se sont mobilisées, et le sont restées pendant de nombreuses années, pour les droits d'autres gens. Plus étonnant encore : c'était pour le droit de personnes d'une autre couleur de peau, sur un autre continent. Personne n'était plus surpris de cela que Stephen Fuller, le représentant à Londres des planteurs de Jamaïque, un propriétaire de plantations lui-même et une figure centrale du lobby pro-esclavage. Alors que des dizaines de milliers de personnes protestaient contre l'esclavage en signant des pétitions, Fuller était sidéré qu'ils ne « mentionnaient aucune injustice ou aucun préjudice d'aucune sorte qui les affectaient eux-mêmes. »

Les abolitionnistes ont réussi parce qu'ils ont relevé un défi auquel est confronté quiconque se préoccupe de justice sociale : rendre visibles les liens entre le proche et le lointain. Souvent, nous ne savons pas d'où viennent les choses que nous utilisons, nous ignorons les conditions de vie de ceux qui les fabriquent. Le premier travail des abolitionnistes était de faire prendre conscience aux britanniques ce

> qu'il y avait derrière le sucre qu'ils mangeaient, le tabac qu'ils fumaient, le café qu'ils buvaient.[8]

Le texte ci-dessus a été traduit par Antoine Comiti, qui précise :

> Ce livre raconte l'histoire de la campagne d'abolition de l'esclavage en Grande-Bretagne aux 18 et 19e siècles. Je le conseille vivement à toute personne (lisant l'anglais) qui souhaite comprendre comment une minorité d'abolitionnistes a gagné à elle une majorité de l'opinion — initialement indifférente, parfois même hostile — à cet objectif qui semblait pourtant totalement chimérique à leurs contemporains.[9]

La néophobie rejette aujourd'hui l'antispécisme, comme l'antiracisme et l'antiesclavagisme ont été rejetés. On peut constater que les arguments du rejet sont les mêmes, notamment l'appel à la tradition.

---

8 En France, l'esclavage a été officiellement interdit en 1848 et en 1865 pour l'ensemble des États-Unis.
9 Texte complet d'Antoine Comiti : rebrand.ly/Antoine-Comiti.

Tout cela rappelle les mots de Paul Watson[10] :

> If you want to know where you would have stood on slavery before the Civil War, don't look at where you stand on slavery today. Look at where you stand on animal rights.

Traduction :

Si vous voulez savoir quelle aurait été votre position au sujet de l'esclavage, avant la guerre de Sécession, ne considérez pas ce que vous pensez de l'esclavage aujourd'hui. Regardez votre position quant aux droits des animaux.

Les tribulations abracadabrantesques du choix personnel

Fort heureusement, comme nombre de créations humaines, notre doxa évolue.

Quelque deux siècles en arrière, posséder des esclaves était un choix personnel. Les abolitionnistes, comme Thomas Clarkson, étaient considérés comme des extrémistes qui ne respectaient pas les choix des autres.

Il y a un siècle, voter n'était un choix personnel que si l'on appartenait au bon sexe. La suffragette Emily

---

10 Paul Watson, militant écologiste et antispéciste canadien, est le fondateur de *Sea Shepherd* : rebrand.ly/Paul_Watson.

Davison a été emprisonnée neuf fois dans sa lutte pour le droit de vote des femmes et son action lui coûta finalement la vie. Ceux qui partageaient son combat étaient vus comme des extrémistes.

Il y a une cinquantaine d'années, permettre aux femmes d'avoir un compte bancaire était le choix personnel de leur époux. Ceux qui s'en indignaient passaient pour des extrémistes qui ne respectaient pas les choix des maris.

En revanche, avant 1990, année où l'O.M.S a retiré l'homosexualité de la liste des maladies, la sexualité n'était pas un choix personnel.

Aujourd'hui, considérer les autres animaux (sauf, en France, les chats et les chiens) comme des ressources à notre disposition est un choix personnel. Ceux qui s'en indignent sont des extrémistes qui ne respectent pas les choix des autres. Mais, manger un chat ou un chien ce n'est pas un choix personnel ; ceux qui s'y risqueraient se feraient rappeler à l'ordre par des gens qui ne sont pas des extrémistes.

Paris, 1937. Extrémistes réclamant
le droit de vote pour les Françaises.

Pour conclure le sujet du misonéisme, je rappelle la pensée d'Arthur Schopenhauer :

> Toute vérité franchit trois étapes.
> D'abord, elle est ridiculisée.
> Ensuite, elle subit une forte opposition.
> Puis, elle est considérée comme ayant toujours été une évidence.

Idées clandestines à bord de notre esprit

Les humains font partie des animaux sociaux. Certains sont rationnels, mais même ceux qui le sont le plus ne disposent que d'une raison entravée par la camisole sociale. Dès l'enfance, l'éducation grave nombre de conceptions dans notre esprit. Même au-delà de toute religion, il y a ce qui se fait et ce qui ne se fait pas, ce qui se pense et ce qui ne se pense pas.

Toutes ces choses que l'on bourre dans notre tête, surtout dans notre jeune âge, mais aussi plus tard, sont extrêmement variées ; cela va de « on ne met pas son doigt dans le nez » à la loi de la gravitation universelle, en passant par tout un tas de concepts on ne peut plus hétéroclites, scientifiques, mystiques, politiques, historiques, philosophiques, médiatiques, sportifs… et plein plein plein de « ça se fait, ça ne se fait pas » et de « ça se dit, ça ne se dit pas » et de « c'est comme ça et puis c'est tout ! ». Imaginons un peu le bric-à-brac qu'il peut y avoir dans une tête. Beaucoup de ces connaissances sont indéniablement très utiles, ne serait-ce qu'au moins une langue pour s'exprimer, par exemple, et bien d'autres encore. D'autres, au mieux, ne servent à rien, au pire, sont nocives. À noter que les langues, dont je viens d'admettre la très grande utilité, peuvent elles aussi être des vecteurs d'idées contaminant les esprits : « le masculin l'emporte sur le féminin » en est un déplorable exemple.

Certaines sont démontrables, à l'instar du théorème de Pythagore.

D'autres ne le sont pas, parce qu'elles sont hors du domaine de la raison ; elles méritent cependant de remporter notre totale adhésion : « la cruauté est condamnable », par exemple.

Quelques-unes sont totalement arbitraires, sans utilité et sans conséquence : on offre des chrysanthèmes aux morts, ou autres…

Hélas, il y a aussi les injections intracérébrales d'idées arbitraires qui sont très nocives. Le spécisme, avec notamment sa frontière ontologique imaginaire entre les humains et les autres animaux, est l'une d'entre elles. La croyance que les protéines n'existent que dans la viande et que les ressources animales sont indispensables à notre nutrition en est une autre. La phallocratie de nos sociétés encore trop patriarcales en est encore une ; bien qu'heureusement en (insuffisant) déclin, dans certains lieux, elle demeure encore bien trop vigoureuse dans le monde.

Le problème est que nous ne prenons guère le temps de vérifier que nous adhérons consciemment à toutes ces idées que nous n'avons jamais conçues, mais qui pourtant conditionnent notre comportement à chaque instant, tout autant que si elles étaient les nôtres. On vérifiera et s'efforcera de démontrer tout ce qui est scientifique, mais jamais un enseignant ne demandera à ses élèves de démontrer que, en France et ailleurs, il faut caresser les chiens et les chats, mais manger les lapins. Les plus grands esprits rationnels de notre espèce rêvent de concevoir une nouvelle physique qui remplacerait la nôtre, unifiant les quatre forces fondamentales pour mieux expliquer notre univers. Mais, même parmi ces esprits-là, peu s'interrogent sur l'habitude de destiner certaines espèces à nous tenir compagnie et d'autres à être exploitées, torturées et ingérées sans le moindre remords. Le bien-fondé de cette manière d'agir est tenu pour acquis. Comparable à une idée clandestine à bord de notre cerveau, jamais on ne lui demande son billet ; elle échappe à tous les contrôles de la raison. Hélas, elle prend très souvent les commandes à notre insu et nous pilote, elle tient le volant de notre conduite. Ces réflexes, enfouis dans notre crâne dès nos premiers pas, sont cachés dans des recoins si profonds des méandres de notre cerveau qu'il nous arrive très rarement de les examiner avec attention pour vérifier leur valeur. Nous ne faisons pas assez souvent le tri de notre grenier mental ; ce qui nous fait prendre le risque d'adopter des comportements non contrôlés par notre conscience, des conduites quasi mécaniques. Cela nous amène à penser à la conscience de soi.

La conscience de soi

Dans ce qui suit, j'utiliserai parfois le verbe *ressentir* en italique pour dire : « savoir instantanément, sans la moindre réflexion. » Par exemple, il est facile de *ressentir* qu'on est debout ; je n'ai pas besoin d'y réfléchir en observant que l'horizon est perpendiculaire à l'axe qui passe par ma tête et le point situé entre mes deux pieds. J'en ai une conscience proprioceptive instantanée. C'est cela que, dans ce chapitre, j'appellerai *ressentir*, plus bas.

Avoir conscience de soi, c'est se sentir exister. C'est penser à la première personne. C'est percevoir « je ». C'est *ressentir* « je suis ».

Je vais arbitrairement différencier deux champs de conscience : la conscience extérieure et la conscience intérieure.

La conscience extérieure

La conscience extérieure est celle qui nous permet de nous imaginer quelque part dans l'espace-temps. Nos connaissances nous aident à étendre cette conscience-là, qui est plus complexe que de seulement se sentir debout.

À 10 h 37, je suis dans ma voiture sur cette route en direction de Uneville. Le nord est devant moi. Je suis sur la troisième planète… à 150 millions de kilomètres du Soleil…

On peut ajouter la conscience de la relativité des mouvements :

(A) Je suis sur l'équateur, en train de marcher à 2 km/h droit devant moi, dans un train qui file à 120 km/h. Par rapport à ce dernier, j'avance donc ; voir défiler l'intérieur du wagon à ma droite et à ma gauche m'aide à le *ressentir*. Mais je marche dans le sens contraire de l'avancement du train. Donc, par rapport à la surface de la Terre, sur laquelle sont posés les rails, je recule à (120 - 2) = 118 km/h.

(B) Toutefois, la Terre tournant sur elle-même entraîne le train à 1 600 km/h, vers l'est. Le train se dirigeant vers l'ouest, en fait, j'avance à 1 600 - 118 = 1 482 km/h dans ma ronde autour de l'axe de la Terre.

On pourrait aussi tenir compte de la vitesse orbitale de la Terre autour du Soleil : un peu plus de 100 000 km/h. Sans oublier la vitesse orbitale du Soleil autour du centre de la Galaxie : 850 000 km/h. Et puis le déplacement de cette dernière vers le Grand Attracteur : 2,3 millions de km/h.

À ma connaissance, il n'existe aucune conscience humaine capable d'embrasser tout cela instantanément et simultanément. Je ne parle pas de le savoir ; je parle bien d'en avoir une conscience instantanée : de le *ressentir*.

Il n'est pas trop difficile de *ressentir* la partie (A), mais je serais surpris, et admiratif, de connaître quelqu'un capable de *ressentir* en plus la partie (B).

Je pourrais prendre d'autres exemples pour montrer la limitation de notre conscience spatio-temporelle. Mais ce n'est pas utile ; je voulais juste montrer que nous sommes, à notre échelle, comparables à des fourmis seulement capables de penser leur petit univers de fourmis. Notre *ressenti* spatio-temporel est très limité.

La conscience de l'espace étant l'espace de la conscience, la nôtre vit dans un studio étriqué.

Il s'agissait là seulement de la conscience projetée vers l'extérieur de nous. La conscience de ce dans quoi nous sommes.

La conscience intérieure

La conscience intérieure est celle qui permet de *ressentir* ce qui se passe en nous. Cette conscience de soi attentive et profonde permet de se contrôler, de se piloter, d'être aux commandes de soi-même, d'agir sur le volant de notre existence.

Comme je le disais, avoir conscience de soi c'est se sentir être. C'est penser à la première personne. C'est percevoir « je ». C'est *ressentir* « je suis ». C'est la capacité de s'observer de l'intérieur.

Il y a la conscience de soi en train d'être et de faire :

Je suis à table. On me parle. Je réponds. Je pique un truc dans mon assiette avec ma fourchette. Untel me raconte une histoire drôle, je ris.

Il y a la conscience de soi comme faisant partie de ce que j'observe :

Je suis en train d'admirer un oiseau. Je pense que cet animal est rouge et que son vol est d'une extraordinaire virtuosité. Dans cet exemple-là, « avoir conscience de soi comme faisant partie de ce que j'observe » veut dire : je sais que « rouge » et « étonnante virtuosité » n'engagent que moi. Pour un chien qui n'y voit qu'en noir et blanc, il ne serait pas rouge. Pour un oiseau beaucoup plus habile que celui-ci, son vol n'aura rien d'exceptionnel. Même « oiseau » a un sens pour moi parce que je suis un humain. L'oiseau ne sait pas que, pour moi, il est un oiseau.

Cette conscience-là me permet de me dire que, quand je décris le monde, en réalité je ne dis rien de lui, je ne fais que dévoiler comment je pense le monde ; en l'occurrence, comment mon esprit conçoit cet oiseau. En fait, en décrivant le monde, je ne décris que moi-même.

Il y a la conscience de nos réactions, nos émotions, nos limites intellectuelles…

On peut essayer de descendre de plus en plus profondément dans une introspection concentrée à la recherche de soi. Mais, aussi grand soit notre effort, et aussi entraîné soit-on dans cette pratique, nous atteindrons assez vite une limite dans la connaissance de notre propre fonctionnement.

La limite ultime serait récursive : *ressentir* pourquoi et comment naît en moi ce qui me permet de *ressentir* pourquoi et comment naît en moi ce qui me permet de *ressentir* pourquoi et … Pour comprendre pleinement comment il fonctionne, l'esprit devrait pouvoir comprendre comment il comprend qu'il fonctionne. L'effort mental est de taille ! N'est-ce pas ?

Sans aller jusque-là. Il est très intéressant de développer la conscience de soi. Sinon dans sa profondeur, au moins dans sa permanence. Il est bon de s'entraîner à maintenir l'endurance de sa conscience de soi. Être conscient de soi, le plus souvent possible et le plus longtemps possible.

Nous n'avons pas conscience que, par moments, notre conscience a des écrans noirs. Nous ne sommes pas conscients de n'être pas conscients à chaque instant.

Dans la vie courante, nous agissons un peu comme un thermostat qui régule la température sans avoir conscience de ce qu'il fait. Parfois, au volant, il nous arrive de réaliser que nous avons fait quelques kilomètres sans nous en rendre compte. Tiens, je suis déjà là ! Il nous arrive aussi de lire sans avoir conscience de ce que nous lisons. Une partie de nous décode le texte, mais la signification de ce dernier n'est pas traitée par la conscience. C'est de cette manière que nous agissons assez souvent.

Qui n'a pas regretté son comportement vis-à-vis de telle ou telle personne dans telle ou telle situation ? Rétrospectivement, on se souvient d'avoir perdu son calme, d'avoir ri bêtement, ou d'avoir défendu un point de vue avec trop de véhémence… Quelque temps plus tard, dans le calme, par exemple avant de s'endormir, songeant à ce moment passé, on se souvient de soi. Nous avons alors une observation intérieure rétrospective de nous :

Pourquoi diable me suis-je senti obligé de rire quand Untel m'a raconté son histoire drôle ?

Le comportement de Unetelle m'a révolté. J'ai eu du mal à maîtriser ma colère. J'ai été ridicule.

La démonstration mathématique de l'Autretelle était hors de ma portée ; je n'aurais pas dû faire mine de la comprendre. Mon amour-propre me fait adopter des attitudes dérisoires.

J'ai un ego qui m'encombre. À cause de lui, je passe des heures à quémander des « J'aime » sur les réseaux sociaux. Je ne sais pas pourquoi j'ai tant besoin qu'on ait une bonne opinion de moi. Je supporte mal que mes publications soient transparentes aux yeux des autres. Et cætera.

Ou bien l'inverse :

Rétrospectivement, je me souviens essentiellement de moments où j'aurais dû réagir, me mettre en colère, m'affirmer, trouver les mots pour m'exprimer. Mais dans 99 % des cas, ce n'est que plus tard, au calme, que je trouve ce que j'aurais dû dire ou faire.

On se souvient amèrement que, dans ces moments-là, nous avions laissé s'éteindre notre conscience de soi, elle était en veille. Nous ne nous observions pas. Nous ne nous *ressentions* pas en train d'agir, faire, dire. Nous fonctionnions comme un thermostat.

J'ai volontairement dit : « nous avions laissé s'éteindre notre conscience de soi » plutôt que « nous avions éteint notre conscience de soi » parce que la conscience de soi est comme un feu qui s'éteint tout seul, dès qu'on ne veille pas sur lui. Il faut fournir un réel effort d'attention pour garder la conscience de soi éveillée. Au moindre moment d'inattention, la conscience de soi s'endort. Nous ne nous ressentons plus. Nous ne nous observons plus. Nous ne nous pilotons plus ; nous sommes en pilotage automatique ; nos réflexes ont pris le volant. Nous devenons un thermostat. Nous n'agissons plus sous le contrôle de notre raison éveillée ; nous sommes animés par des automatismes. Or, nombre de ces derniers sont des idées clandestines.

Troupeau-tropisme

Ce que j'appelle le troupeau-tropisme, plus simplement appelé conformisme, nous pousse à nous conformer à la norme en vigueur dans notre groupe social.

Le tropisme normatif des mots

Notre forte propension à se conformer à la norme transparaît dans notre manière de nous exprimer.

Implicitement, nous décrivons tout ce qui est hors-norme comme étant regrettable, voire condamnable : « ce n'est pas normal » ou « il n'est pas normal ». On parle de comportements « déviants ». Alors que l'adjectif « normal » est utilisé comme un synonyme de juste, correct, convenable, approprié…

Peu à peu s'enfonce dans la tête des jeunes enfants l'idée clandestine selon laquelle ce qui est « normal » est raisonnable alors que ce qui est « anormal » est déraisonnable ; et donc que toute idée hors-norme est à éviter. Ainsi, par l'intermédiaire du langage, le tropisme normatif peut s'entretenir, rester rigoureux et contaminer des générations. Il n'y a pas de vaccin contre le conformisme, cet agent pathogène, d'une foudroyante contagiosité, qui s'attaque à l'esprit.

Autres liens entre idées clandestines et langage

Dans le domaine de la domination patriarcale et du sexisme, de nombreux mots de la langue française mettent en valeur l'homme par rapport à la femme.

• Déjà, « l'homme » est synonyme de « l'humanité » ; on ne dit jamais « la femme » pour désigner toute l'humanité.

• Le masculin l'emporte sur le féminin.

• L'expression populaire « avoir des couilles » relit le courage aux gonades mâles, pas aux gonades femelles ; on ne dit pas « avoir des ovaires ».

• Le mot « fraternité » emprunt au latin classique *fraternitas*, « fait d'être frères ».

• « Fratrie » : ensemble des frères **et sœurs** d'une famille. Mais cela vient pourtant du grec ancien *phratēr*, **frère**.

• Etc.

Dans le domaine du spécisme, là aussi le vocabulaire joue son rôle.

• Cette personne est bête = elle est stupide comme tous ces êtres qui n'appartiennent pas à l'espèce élue. Entraîne l'adverbe « bêtement ». Agir bêtement = Agir comme un crétin, pas avec l'intelligence d'un humain. Dire ou faire des bêtises…

• Se comporter avec bestialité = se comporter avec brutalité et férocité comme tous ces êtres qui ne sont pas de notre espèce. Exemple : « Un meurtre commis avec bestialité. »

• Adjectif : « Inhumain » = avoir les caractéristiques morales horribles de ceux qui ne sont pas des humains.

• Adjectif : « Humain » = ce qui se fait de mieux dans le domaine de la morale.

Pour les humains, « être humain » veut dire : être quelqu'un de bien, tout simplement (et sans fausse modestie, on l'aura remarqué). Exemple : « Faire le bien avec une touchante humanité. »

• Ce type est un porc ! Ces gens sont des bœufs ! Vous êtes un âne !...

• Etc.

• Le substantif « animal » est particulièrement intéressant. En effet, dans le langage courant, nous conservons l'habitude de désigner les autres espèces par le terme : « les animaux ». C'est un automatisme dont nous avons beaucoup de mal à nous défaire. Il se trouve pourtant que, au moins depuis Charles Darwin, on sait que l'être humain est aussi un animal. En effet, la classification scientifique traditionnelle reconnaît six règnes :

- les bactéries ;
- les archées. ;
- les protistes ;
- les végétaux ;
- les mycètes ;
- les animaux. (nous sommes là-dedans).

D'une part, nul besoin d'être très convaincant pour affirmer que nous ne sommes ni des bactéries, ni des archées, ni des protistes, ni des végétaux. D'autre part, il est facile de voir que le règne « humain » ne figure pas dans cette liste. Il n'y a pas un règne spécialement pour nous, qui nous isolerait au-dessus de tous. L'hypothétique « propre de l'homme » censé nous distinguer des autres animaux n'existe pas.

Il existe une autre classification qui compte sept règnes[11] ; cependant, elle classe aussi les humains dans les animaux[12]. Conclusion : **nous sommes bien des animaux**.

Voilà, ce chapitre montre, par quelques exemples seulement, comment le langage peut créer et pérenniser de nombreuses idées clandestines, bien cachées dans nos circonvolutions cérébrales.

Expériences de Solomon Asch

En 1951, le psychologue Solomon Asch a publié les résultats d'une expérience démontrant le besoin de conformisme d'une manière frappante. Asch testa la force de cette tendance en organisant de faux tests de vision. À chaque test, tous les participants étaient ses complices, sauf un.

Le psychologue montra des affiches. Sur celle de gauche figurait une seule ligne, celle qui allait servir de référence. Celle de droite montrait trois autres lignes,

---

11 Elle ajoute les chromistes à la liste des règnes.
12 Une des sources : rebrand.ly/regnes.

chacune d'une longueur nettement différente (nommées A, B, C) ; une seule des trois était exactement de la même longueur que la ligne de référence à gauche.

Les différences de longueur entre les trois lignes à droite étaient suffisamment importantes pour que l'on puisse repérer du premier coup d'œil laquelle des trois avait la longueur de référence.

Asch demanda quelle était la ligne figurant sur l'affiche à droite qui avait la même longueur que celle de l'affiche à gauche, la A, la B ou la C.

Tous les complices donnant volontairement une même fausse réponse, les sujets « naïfs » subissaient une pression de groupe suffisamment grande pour les conduire à donner la même réponse de toute évidence fausse ; ceci ne se produisait pas systématiquement, mais assez souvent pour que l'expérience fût révélatrice. D'autant plus que, sans influence du groupe, en privé, les mêmes sujets donnaient des réponses justes.

Mème

Le terme « mème » venant de l'anglais *meme* a été utilisé pour la première fois par Richard Dawkins dans son ouvrage *The Selfish Gene*. Il décrit les mèmes comme des éléments culturels transmis entre individus, un peu comme un gène qui est capable de passer d'une personne à l'autre. L'auteur indique qu'il peut s'agir d'airs de musique, d'idées, de phrases au goût du jour, de modes vestimentaires, de façons de construire des poteries ou des arches… Tout comme les gènes se propagent en passant d'un individu à l'autre, d'une génération à la suivante, au moyen des spermatozoïdes et des ovules, les mèmes se propagent en passant d'un esprit à l'autre en utilisant un processus, qui, au sens large, peut être appelé imitation.

Dans son livre *Engines of Creation* (traduit en français sous le titre *Les engins créateurs*), Kim Eric Drexler, reprend ce terme pour dire, entres autres, au sujet des mèmes :

> Comme des virus, ils peuvent se répliquer sans contribuer à la survie ou au bien-être de leurs hôtes. Par exemple, le mème d'être martyr pour une cause peut se répandre et se concrétiser par la mort de son hôte.

On voit que je ne suis pas le seul à noter que les idées clandestines ressemblent aux virus.

Utiliser le troupeau-tropisme pour convaincre

Le troupeau-tropisme est bien connu et fort utilisé par le commerce. Qui n'a pas entendu ce genre de phrases prononcées par les vendeurs ou les vendeuses ?

« C'est très tendance », ou simplement « C'est à la mode », « On se l'arrache, ce modèle », « J'en vends beaucoup », « Il plaît énormément, celui-là »… Ce ne sont que des manières différentes de dire : Si vous l'achetez, vous ferez partie d'un grand groupe qui a fait le même choix ; il y a donc de fortes chances pour que ce soit le bon.

Si cette stratégie est si souvent utilisée, c'est que le commerce s'est bien rendu compte que les potentiels clients sont très sensibles à ce que le gros du troupeau a choisi.

Pour inciter quelqu'un à donner de l'argent pour une cause, il est important de communiquer en tenant compte de cela. Considérons par exemple ces deux phrases :

Cette année, 1 200 000 Français ont fait un don à notre association.

Cette année, 2 % des Français ont fait un don à notre association.

Il s'agit de la même information ; cependant, la première formulation sera beaucoup plus convaincante que la seconde. En effet, on aura plus envie de suivre plus d'un million de personnes, que de faire comme seulement 2 % de la population ; dans ce cas, on préférera être dans le groupe des 98 % qui n'ont rien donné. Alors que c'est pourtant la même chose.

S'écarter du troupeau

Désobéir à une pratique culturelle, fruit d'une idée clandestine inculquée, entraîne de grandes difficultés à vivre en société, en famille et même parfois en couple. Par exemple, ne plus consommer de ressources d'origine animale est aussi difficile que de vivre en marchant sur les mains. C'est difficile pour des raisons pratiques, car la nourriture proposée par la société est majoritairement omnivore. Et c'est difficile dans les relations sociales parce qu'il faut souvent se justifier. « Mais enfin, pourquoi marches-tu sur les mains ? » En effet, pour le plus grand nombre, « les autres animaux sont des ressources à notre disposition » va autant de soi que « les pieds sont faits pour marcher ».

Cette pression sociale fait que beaucoup de personnes évitent tout simplement de penser à contre-courant. Pour les animaux sociaux que nous sommes, il est tellement plus facile de penser ce qui se pense et de faire ce qui se fait. Plus grand est le nombre de personnes qui se comportent comme nous, plus on se sent soutenus dans ce que nous croyons que nous sommes.

Une seule personne différente suffit à troubler la sérénité du groupe social si fortement conditionné par le « ce qui se fait, ce qui se pense » moult et force fois injecté dans le cerveau dès la tendre enfance. Prenez un air suffisamment sérieux pour déclarer soudainement :

— Hier, j'ai bu un grand verre de lait de chienne, je me suis régalé !

— Hein ! Du lait de chienne ! Beurk ! Tu es fou ! Trop zarbi !

Ajoutez :

— Ben, j'ai voulu essayer… D'habitude, je bois du lait de femme. Ma voisine qui est nourrice en a trop.

Là, c'est certain, on va vous gerber sur les pieds ! (Il ne faut pas dire « gerber », ce n'est pas bien.) Répondez alors :

— Bien que ce ne soit ni nécessaire ni recommandé quand on n'est plus un nourrisson, boire du lait de femme pour un humain est moins zarbi que de boire du lait de vache, car nous ne sommes pas des veaux.

Vous obtiendrez des regards cherchant désespérément la preuve que vous plaisantez. Quoi qu'il en soit, la conclusion sera que vous n'êtes pas vraiment **normal**. D'une manière générale, prendre un peu de distance avec le troupeau social se paye par des réprobations d'une ampleur proportionnelle à l'ancrage de l'habitude que vous défiez : regards entendus qui s'échangent autour de vous, moqueries non dissimulées... Cela peut aller jusqu'à une réelle hostilité, notamment quand on s'écarte des habitudes spécistes, par exemple.

Sur le plan professionnel, la pression sociale est aussi très forte, particulièrement dans les métiers qui offrent une audience. Les carriéristes des médias n'aiment pas trop prendre de risques. Sur les plateaux de télévision, nombre de chroniqueurs se voulant de bon aloi aiment caresser l'air du temps dans le sens du poil. Ils ne s'en privent pas, car on ne prend aucun risque à défoncer des portes ouvertes par d'autres, ça ne fait pas mal aux épaules. C'est pourquoi, aujourd'hui, il est (fort heureusement) de bon ton de dénoncer le racisme ou le sexisme. En revanche, ces mêmes chroniqueurs, au mieux, toisent d'un air entendu et amusé ceux qui dénoncent le spécisme, au pire, se moquent ouvertement d'eux. Bouffons modernes, ils n'ont d'autres soucis que celui de complaire au roi Audimat. Dans quelques décennies, les mêmes ou d'autres du même acabit dénonceront le spécisme avec une conviction apparente qui donnera l'impression qu'ils ont toujours pensé ainsi, qu'ils étaient des précurseurs en la matière. Il faudra les voir avec leurs sourcils froncés et leur ton docte servir du : « Ça ne serait pas un peu spéciste, ça... hum... ? »

Excellant dans l'art de ne servir à rien, ils souriront encore avec cette condescendance méprisante devant de nouveaux précurseurs qui leur parleront d'idées visionnaires progressistes passant bien au-dessus de leur esprit étriqué. Le progrès traîne toujours ce genre de boulets, mais rien n'arrête sa marche.

Ataviquement enfants de la prudence, manœuvrés par des idées clandestines, égocentriques, englués dans la pression sociale… il n'est pas facile d'accepter les changements de notre rassurant ronron quotidien.

Les enfants de l'égocentrisme

Le spécisme est une chose allant tellement de soi, que cette conception est moins remise en cause que les acquisitions scientifiques maintes fois démontrées. Proposer de s'interroger sur le bien-fondé du spécisme semble plus farfelu que méditer sur des univers multidimensionnels ou chiffonnés, trous de ver et autres audacieuses spéculations.

Comment cela se fait-il ? Pourquoi le spécisme est-il si solidement ancré en nous ?

Nous savons que nous avons tous une très forte propension à penser avant tout à nous-mêmes. Peu importe comment nous appelons cette inclination, « instinct de conservation », si l'on veut. Toujours est-il que, en effet, il n'est pas nécessaire de faire un effort pour penser à son propre intérêt avant celui des autres. Reconnaissons-le : nous sommes nous-mêmes une des personnes que nous estimons le plus ; nous aimons câliner notre ego, le couvrir de bisous et de caresses pour le faire ronronner comme un petit chaton. « Ho ! Je t'aime beaucoup, moi ! Je ferais tout pour te mettre en avant pour qu'on te remarque. J'espère que tu vas devenir riche et célèbre et que tout le monde va t'aimer comme moi, je t'aime, moi… »

Je ne veux surtout pas laisser entendre que cet égocentrisme inné est une exclusivité humaine. Certains animalistes tiennent des discours haineux envers notre espèce. Je ne partage pas du tout leurs propos qui ne sont ni plus ni moins qu'une forme de spécisme, un spécisme inversé par rapport à celui qui est le plus communément répandu, mais un spécisme tout de même. Il n'y a en effet aucune raison de supposer que les autres animaux sont meilleurs que nous ; le prétendre serait naïvement manichéen. Nous sommes tous conçus sur le même principe évolutif. L'égocentrisme, la cruauté aussi bien que l'altruisme et la compassion animent de très nombreuses espèces.

Cela dit, impossible de nier que l'humain est le plus nuisible des animaux. Il est vrai que notre espèce commet les plus grands massacres dans ses propres rangs et dans ceux de tout ce qui vit sur Terre. Mais cela n'est pas dû au fait que l'humain soit la forme de vie la plus immorale. Cela est dû au fait que son égocentrisme dispose de moyens colossalement grands pour s'exprimer. Il est raisonnable de supposer que d'autres espèces disposant de moyens aussi importants n'agiraient pas mieux que nous. Dans un poulailler, on peut observer autant de scènes de tendresse et de solidarité que d'impitoyables compétitions. À voir comment un chat peut jouer cruellement avec une souris, on ne peut que se féliciter de ne pas être à sa merci ! Je ferme cette parenthèse pour en revenir à nous.

L'égocentrisme, cette préférence que l'on ressent pour soi-même, a fini par s'étendre un peu vers d'autres, mais seulement vers ceux qui nous ressemblent le plus possible, ceux qui ont le même sexe, la même couleur de peau, la même sexualité, la même nationalité… L'idéal eût été d'accorder de la considération à d'autres soi-même, mais, n'en trouvant pas, on fut bien obligé d'accepter des différences, mais pas trop tout de même ! Le moins possible ! Ainsi apparaissaient le sexisme, le racisme, l'homophobie, la xénophobie, la tout-ce-qui-ne-me-ressemble-pas-phobie et bien sûr le spécisme. Ces exclusions de la sphère de considération oppriment les plus faibles ou les moins nombreux ; le sexisme, toujours admis, puisque malheureusement les femmes ne touchent toujours pas le même salaire que les hommes, a une origine des plus primitives : le fait que l'homme est physiquement plus fort que la femme. Quelques « extrémistes » ont remis ces limites d'ouverture à l'altérité en question. Cela a dû être très difficile pour eux ; la preuve, ils ont encore des opposants puisque ces maux ne sont pas complètement éradiqués !

Remettre le spécisme en question demande encore plus d'efforts, car il faut lutter contre son narcissisme pour faire entrer dans notre cercle de considération des personnes qui nous ressemblent encore moins que celles qui n'ont ni le même sexe, ni la même couleur, ni la même sexualité, ni la même nationalité, ni (non, mais quelle audace !) la même forme… Ces nouvelles personnes que nous devons accueillir dans notre champ de considération sont si différentes des humains que la plupart de ces derniers sont choqués que l'on ose employer le mot « personne » pour parler d'elles. C'est un crime de lèse-majesté contre Sa Majesté l'Humanité. Comme une majorité a longtemps refusé de considérer que les humains noirs étaient des personnes, une majorité refuse aujourd'hui de constater que les non-humains ont une personnalité, et sont donc, comme nous, des personnes. Il ne vient pas à l'esprit qu'on ne mange pas du veau, mais un veau, un enfant bovin particulier qui a terriblement souffert d'avoir été brutalement séparé de sa mère pour être engraissé seul dans un box minuscule, infortune commune à des centaines de milliers de ses congénères, mais que chacun ressent personnellement, pas comme du veau, mais comme le veau qu'il est. Cela ne vient pas à l'esprit parce que cette personne bovine est si loin de nous ressembler qu'elle est presque un objet et qu'aucune idée clandestine ne nous pousse à avoir de la compassion pour elle. Pire, une idée clandestine nous rassure en nous disant que c'est normal de traiter du veau ainsi, puisque tout le monde le fait.

Parce qu'il est encore moins à notre image, considérer un poisson comme un objet est pour nous tout naturel. Qu'il éprouve la peur et la douleur, qu'il ait des relations sociales avec ses congénères passe très loin de notre esprit, quelque part dans une autre galaxie. On nous a tellement appris que la pêche est un sport paisible et bon enfant, qu'il paraît totalement incongru, et même un peu niais, de se soucier de la souffrance d'un poisson. Pourquoi pas d'un caillou ! Alors, dire d'un mérou qu'il est une personne, c'est prendre le risque de se faire interner.

Sophismes, biais cognitifs...

Dans son œuvre *Discours de la méthode*, René Descartes écrivait :

> Le bon sens est la chose du monde la mieux partagée: car chacun pense en être si bien pourvu, que ceux même qui sont les plus difficiles à contenter en toute autre chose n'ont point coutume d'en désirer plus qu'ils en ont.

S'il est vrai que beaucoup souhaiteraient être plus riches, plus célèbres, plus beaux, plus forts, plus en forme, plus aimés... nous n'entendons pas souvent quelqu'un rêver d'être plus intelligent. Cela est peut-être en partie dû au fait que nous jugeons notre esprit avec notre esprit ; l'esprit se juge donc lui-même avec, reconnaissons-le, une tendance à la complaisance. Il ne faut pas généraliser bien sûr, ce n'est certainement pas le cas de tout le monde, mais le plus grand nombre a plus de facilité à développer des complexes au sujet de son physique qu'au sujet de son esprit. La crainte de ne pas posséder un physique attrayant est plus répandue que celle d'être intellectuellement limité.

Les idées, clandestines ou mûrement réfléchies, qui sont en nous sont la seule chose qui nous représente notre esprit. Elles sont nous. Elles participent dans une grande mesure à bâtir notre personnalité. À un instant T, nous sommes nos pensées. Il se trouve que cet instant T nous voulons le faire durer le plus longtemps possible, car il n'est pas facile de changer radicalement ce que nous nous sentons être sans cesse et à tout bout de champ. Ceci explique les difficultés que nous avons à nous laisser convaincre et le plaisir que nous avons à avoir toujours raison.

Voici quelques sophismes et biais cognitifs. Certains inhibent l'initiative de réfléchir ; ce sont des créateurs d'idées clandestines. D'autres nous permettent d'arc-bouter nos positions intellectuelles contre les vents et marées de tous les arguments contradictoires. La liste est très loin d'être exhaustive, il s'agit seulement des plus communs.

Homme de paille

En rhétorique, il est un sophisme qu'on appelle « homme de paille » ou « épouvantail ».

Ce sophisme très courant est un moyen de combattre ce qui dérange nos certitudes. Il permet d'utiliser la mauvaise foi comme une arme. En effet, il consiste à déformer des idées ou des paroles que l'on veut dénigrer, le plus souvent dans le but d'éviter de remettre ses propres pensées en question. Ces déformations étant bien entendu choisies pour faciliter les critiques.

En voici deux beaux exemples qui m'ont été adressés sur Twitter.

1) « Si l'on suit le raisonnement des animalistes, un virus étant un organisme vivant, il a donc le droit de vivre (ou de survivre) au même titre qu'un humain ! » [sic].

2) « C'est vrai que Léonard de Vinci, Mozart, Einstein, Martin Luther King ou mère Térésa ne sont pas supérieurs à une blatte, une chauve-souris, une mygale, une puce ou un boa constrictor! » [sic]

Déjà, la racine du mot « animaliste » étant « animal » et les virus n'étant pas des animaux, ceci ne devrait même pas concerner les animalistes. Mais, passons sur ça. L'animalisme, notamment antispécisme, ne prétend pas que tous les animaux sont égaux, bien sûr ; ce serait tout à fait grotesque de dire qu'une limace à la même valeur qu'un humain. L'animalisme reconnaît les différences, mais refuse qu'elles soient discriminatoires. Un chien et un cochon sont différents, mais il n'y a pas de raison morale de les traiter différemment, d'en aimer un et de tuer l'autre. L'animalisme antispéciste aimerait que tous les animaux bénéficient d'un certain nombre de droits fondamentaux ; qu'ils puissent disposer librement de leur vie sans être torturés, asservis, enfermés, séparés de leur mère, mutilés... pour tout dire, exploités de quelque manière que ce soit. L'antispéciste ne prétend même pas que nous n'avons pas le droit de nous défendre. Si un moustique menace de me piquer, je le tue sans hésiter ! Je n'accomplirais pas ce geste dans l'intention de l'exploiter, mais pour me défendre. En effet, si je me laisse piquer, ce sera le moustique l'exploiteur et moi l'animal exploité.

On est très loin de : « Je ne me soigne pas, car les virus ont le droit de vivre autant que moi. » L'utilisation d'un homme de paille permet de refuser ou différer l'examen de nos idées clandestines.

L'auteur de ces exemples prête des pensées purement inventées aux animalistes afin de repousser facilement ce qui pourrait faire vaciller ce qu'il tient pour acquis. Ces exemples sont des cas particulièrement grotesques, des sortes de caricatures de l'homme de paille. Ce sophisme peut être employé avec beaucoup plus de finesse, bien entendu. Dans ce cas, il peut être moins facilement repérable.

Appel à la nature

Dire d'une chose qu'elle est bonne ou défendable parce qu'elle est naturelle ou bien qu'au contraire elle n'est pas bonne ou indéfendable parce qu'elle n'est pas naturelle est un sophisme bien connu appelé « appel à la nature[13] ». Ce sophisme est si ancien, et donc connu, qu'il a même un nom latin : *argumentum ad naturam*.

Bien entendu, avant d'entamer ce sujet, il importe de préciser ce que l'on entend par « nature ». Ce mot à deux sens :

1) **Tout ce qui existe dans l'Univers.**
Définition Larousse :
> Le monde physique, l'Univers, l'ensemble des choses et des êtres, la réalité.

2) **Tout ce qui existe dans l'Univers, sauf tout ce qui résulte d'une intervention humaine.**
Définition Larousse :
> Ensemble des principes, des forces, en particulier de la vie, par opposition à l'action de l'homme.

---
13 rebrand.ly/AppelNat.

Dans la première acception, tous nos agissements sont naturels. Un barrage construit par des êtres humains est aussi naturel qu'un barrage de castor. Nous sommes nous-mêmes un produit de la nature, donc tout ce que nous pouvons faire, même le pire à nos yeux, est naturel par définition.

Dans la seconde acception, rien de ce que nous pouvons faire n'est naturel, là aussi, par définition.

Ceux qui font appel à la nature ne doivent pas se référer à la première signification, puisque, par définition, tout ce que fait l'humain est compris dans « le grand tout » naturel. Ils font donc référence à la seconde. Dans ce cas, ils sont tenus d'admettre qu'il n'est pas naturel de porter des chaussures, des vêtements ou des lunettes, de se soigner à l'aide de médicaments, de porter des prothèses ou bénéficier d'interventions chirurgicales, d'utiliser quelque réalisation humaine que ce soit, téléphone, voiture, réfrigérateur… En résumé pour vivre d'une manière naturelle, il faudrait être nu dans les bois et les savanes comme les animaux sauvages.

Qui fait ça ? Personne ! N'est-ce pas ?

Essayons donc de mieux comprendre, à l'aide d'un exemple, ce que l'on entend communément par « être naturel » ou « ne pas être naturel ».

Des exemples, nous en trouvons sans effort dans les accroches marketing figurant sur les produits du commerce, ou dans les publicités.

Cosmétique 100 % naturel. Remède naturel. Bidule et autre machin naturel… Le message implicite étant que si c'est naturel, c'est bon. Généralement, on oppose le terme « naturel » au terme « chimique ».

« Produits naturels » versus « produits chimiques ». Ce qui, dans le contexte de ce sophisme, est équivalent à « gentils contre méchants ».

Il suffit d'une seule nanoseconde de temps cérébral pour remarquer que cela n'a aucun sens, qui plus est pour deux raisons.

1) La première de ces raisons est qu'il n'existe absolument rien de matériel dans tout l'Univers qui ne soit pas chimique.

Définition Larousse du mot « chimie » :

> « Partie des sciences physiques qui étudie la constitution atomique et moléculaire de la matière et les interactions spécifiques de ses constituants. »

Il en résulte que l'eau la plus pure est chimique : H_2O. Nous-mêmes : notre corps est une formidable structure chimique. Tous les autres animaux, les plantes et toutes les autres formes de vie, la terre, les minéraux, l'atmosphère, notre monde tout entier et même toutes les autres planètes ainsi que les étoiles de tout l'Univers… Tout ce qui est matériel est formé d'atomes susceptibles de s'associer pour former des molécules. Donc tout, sans aucune exception, est par conséquent chimique. Il en résulte que dire d'un produit qu'il est chimique à autant de sens que de préciser qu'un son est acoustique. « Produit chimique » n'a donc aucun sens en lui-même, il s'agit d'un pléonasme. Synthétisé par l'humain ou trouvé dans la nature, tout est chimique.

Mais soyons charitables. Essayons de comprendre ce que l'on entend par « produit chimique », même si nous venons de voir que cela n'a scientifiquement aucun sens. Peut-être que ceux qui utilisent ce sophisme veulent dire : « produit fabriqué par les humains ». Cela va nous permettre de parler de la deuxième raison pour laquelle l'appel à la nature est absurde.

2) La deuxième de ces raisons est que, dans la nature, il existe de très nombreuses substances dangereuses, nombre de calamités, force maladies, moult parasites et autres fléaux de toutes sortes. Dès lors, on voit bien que « être naturel » ne saurait garantir qu'un produit est bon. Combien de végétaux sont des poisons « naturels » ! Un seul exemple parmi tant d'autres, le laurier-rose est très toxique ; ses feuilles et ses fleurs contiennent des substances dangereuses qui agissent sur le cœur ; les accidents dus à son ingestion sont assez fréquents pour être connus.

Malgré toutes les raisons de rejeter cette croyance, le sophisme de l'appel à la nature continue à parasiter de nombreux esprits, tel le ver solitaire qui s'incruste dans les intestins. Comme les gens y croient, le marketing l'utilise ; ce qui fait de la publicité à cette idée clandestine ; ce qui fait que cela la maintient dans les esprits, ce qui fait que le marketing l'utilise…

L'appel à la nature est connu depuis l'Antiquité. Bien que régulièrement condamné par les penseurs, ce sophisme a gardé toute sa virulence ; il s'agit d'une des idées clandestines les plus tenaces.

Le sophisme de l'appel à la nature a généré l'adjectif : « contre nature ».

Selon cette formule, certaines de nos actions seraient contre la nature, contre un ordre des choses établi par on ne sait qui et inscrit on ne sait où ; ces deux informations n'ayant jamais été précisées à ce jour. Cependant, à en croire l'usage de cette locution, la nature serait une entité dotée d'une supposée volonté. Maîtrisant sa propre conception du bien et du mal, elle jugerait nos comportements. Le problème majeur de cette idée clandestine est que la nature ne s'exprime jamais implicitement d'elle-même ; des porte-parole autoproclamés se donnent le droit de parler en son nom. Par exemple, selon certains d'entre eux, l'homosexualité serait contre nature. Que de nombreuses espèces, de la nature, la pratiquent, sans se soucier que ce soit condamné par cette même nature, ne décourage pas les ambassadeurs de la nature de nous rapporter les volontés de cette dernière.

J'ajoute un article publié sur mon blog en juin 2017 parce qu'il est de circonstance ici. Comme je l'insère tel quel, il risque d'y avoir quelques redites avec le début de ce chapitre. J'espère que vous ne m'en tiendrez pas trop rigueur.

Une enquête du B3i

Le Bureau d'Investigation des Idées Inexplicables publie son rapport sur les idées selon lesquelles certaines choses seraient « naturelles » et d'autres « non naturelles » voire « contre nature ».

Je vais vous raconter comment je me suis lié d'amitié avec le lieutenant Caulombo et comment j'ai trouvé un emploi, tout ceci en participant indirectement à cette enquête du célèbre détective.

*

Tout a commencé quand, habitant depuis peu le quartier, j'ai croisé pour la dixième fois mes voisins, Mme et M. Untel, qui promenaient leur caniche dénommé Poupoune. Pour le protéger des rigueurs de l'hiver, ce petit chien était attifé d'un pull en laine vert. À chaque promenade, Poupoune s'étranglait en tirant sur sa laisse comme s'il se prenait pour un tracteur en train de remorquer la tour Eiffel. Au fur et à mesure de nos rencontres et de quelques discussions, je me suis rendu compte que les Untel sont des gens tout ce qu'il y a de plus normaux. Ce sont des archétypes de la norme, des références, des étalons, même. Rien ne dépasse de ce qu'il est d'usage de penser, de faire, de dire, de manger…

Aussi comprendrez-vous leur indignation quand ils ont appris dans un magazine que certains, des véganes, donnent des croquettes végétales à leurs chiens et chats.

Ils m'ont invité à boire un café. Nous sommes attablés sous la tonnelle de leur jardin. Monsieur Untel jette le journal sur la table devant mes yeux, tapote l'article d'un index dénonciateur et s'exclame :

— Ces animaux sont des carnivores ! Ce n'est pas naturel !

Apportant tout son soutien à cette déclaration, sa femme hausse les épaules puis les yeux au ciel en branlant la tête de droite à gauche.

— C'est contre nature ! ajoute-t-elle. Les gens sont de plus en plus fous !

C'est l'été. Poupoune n'a pas son pull vert. Sa « maman » lui a fait un petit palmier sur la tête avec un chouchou rouge.

Leur agacement me donne à réfléchir sur la signification même d'« être naturel, ou pas naturel » ou d'« être contre nature ». Je lis l'article en diagonale, je regarde Poupoune et je me dis :

Notre espèce a transformé cet animal-là :

en ces animaux-là :

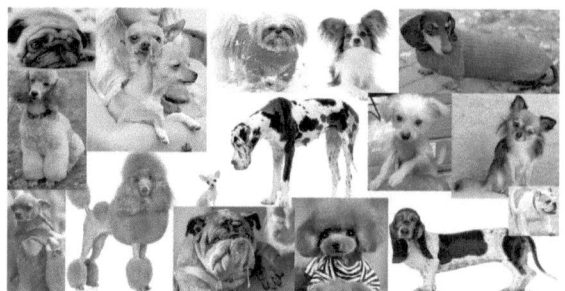

Notre espèce a aussi transformé un animal proche de celui-ci :

en ces animaux-là :

Sont-ce des animaux naturels ?

Ces chiens et ces chats, qui sans nous n'existeraient pas, sont le plus souvent nourris avec des croquettes à base de poissons de mer. Peut-on raisonnablement supposer que les loups et les chats sauvages d'antan pêchaient des poissons dans les profondeurs des océans ? En faisaient-ils ensuite des petites boulettes déshydratées ?

Va-t-il de soi que faire apparaître de nouveaux animaux, par reproduction contrôlée, et les nourrir avec ce que ni eux ni leurs ancêtres n'auraient jamais pu obtenir par eux-mêmes est naturel ?

Hum... j'ai du mal à saisir ce qu'on entend par naturel !

Est-ce que transformer les loups en caniches (parfois avec un petit pull en laine) est naturel ? Les loups tondaient-ils les moutons pour se faire des pulls ? À quel moment transgresse-t-on le plus la nature (si tant est qu'on puisse la transgresser) ? En passant du loup à Poupoune, ou en donnant des croquettes végétales à un chien ? Être ou ne pas être naturel... telle est la question.

Monsieur Untel me tire de mes réflexions :

— Vous allez voir, me dit-il en revenant de sa cuisine.

Immergé dans mes pensées, je n'avais même pas réalisé qu'il avait quitté la table. Il pose une tasse de lait sur la terrasse devant Mimie, la chatte angora, et reprend place à côté de sa femme.

— Elle adore ça, me confie cette dernière en levant sa tasse de café. Vous allez voir.

Il est vrai que Mimie lape sans se faire prier. La regardant faire, je doute fortement que ses ancêtres félins eussent l'habitude de téter les femelles aurochs. Cela me rappelle que le paysan chez qui je vais acheter mes fruits et légumes m'a récemment appris que les chapons de Noël, qui sont des coqs châtrés, sont nourris avec un mélange de céréales et de lait de vache en poudre.

Est-ce naturel de donner du lait de bovin à des chats et des oiseaux ? Décidément, j'ai vraiment du mal à discerner ce qui est naturel de ce qui ne l'est pas.

Ne vous impatientez pas ! Je vais bientôt en parler du lieutenant Caulombo.

D'aucuns se disent que nourrir un chien avec des croquettes végétales est contre nature.

Alors que les mêmes pensent qu'il est naturel de :
• donner du lait de vache aux chats ;
• donner du poisson de haute mer aux chats et aux chiens ;
• faire du fromage…

Ah oui ! Au fait, le fromage, je ne vous en ai pas parlé du fromage. Pour faire du fromage, on solidifie du lait avec de la présure. La présure est principalement composée de deux enzymes, 80 % de chymosine et 20 % de pepsine, qui sont produites dans la quatrième et dernière poche, appelée « caillette », de l'estomac des enfants ruminants ; elle permet à ces derniers de digérer le lait de leur mère, quand les humains ne le leur volent pas. Possédant la propriété d'accélérer le caillage du lait, la présure est utilisée pour transformer celui-ci en fromage. Elle est le plus souvent prélevée dans la caillette des veaux, parfois aussi dans celle des chevreaux ou des agneaux. Important : les enfants ruminants doivent être tués avant leur sevrage, car leur caillette cesse de produire de la présure dès qu'ils n'ont plus besoin de digérer du lait.

En résumé, voici ce que l'on a coutume de faire pour être en mesure de consommer du fromage :

1) Masturber des taureaux pour leur prendre du sperme, comme vous pouvez le voir ci-dessous.

Cette semence est gardée en conserve à -180 °C dans de l'azote liquide. À noter : **l'azote liquide n'existe nulle part sur terre à l'état naturel.**

2) Enfoncer son bras dans l'anus des vaches et une tige dans leur vagin pour déposer ce sperme dans leur utérus afin de les inséminer.

3) Tuer les enfants dès le plus jeune âge pour utiliser leur caillette et s'emparer du lait que les mères produisent à leur intention.

Notre belle doxa considère que tout cela est naturel.

Mais est-ce moral de donner des croquettes végétales à un chien ? J'ai déjà entendu cette question en diverses circonstances ; souvent, elle est prononcée avec des sourcils froncés et sur un petit air entendu laissant supposer que la réponse est évidemment : « non ». Rien ne saurait être davantage « contre nature » !

J'ai un doute. Manger du fromage est-il vraiment beaucoup plus « naturel » que de nourrir un chien avec des croquettes végétales ? Au sujet du fromage, ajoutons que des vaches ont été nourries avec de la farine animale (ce qui a conduit au scandale de la vache folle ; pas parce que c'était de la farine animale, à cause du prion) ; personne ne se demandait alors si c'était naturel de rendre les vaches carnivores.

Je reprends ici mon énumération de choses considérées comme naturelles :

• donner du lait de vache aux chats ;

• donner du poisson de haute mer aux chats et aux chiens ;

• masturber des taureaux et conserver leur sperme dans de l'azote liquide (qui, rappelons-le, n'existe pas à l'état naturel) ;

• sodomiser des vaches avec le bras ;

• rendre les vaches carnivores ;

• transformer les loups en caniches, chihuahuas, ou autres, et les vêtir avec des poils de mouton ;

• arracher les testicules aux coqs et les nourrir avec du lait de vache ;

• transformer les sangliers en cochons, puis couper ces derniers en petits morceaux pour les enfourner dans leurs propres boyaux ;

• gaver des canards pour ingérer leur foie malade ;

• au cirque, faire sauter des fauves dans un cercle de feu, ou faire pédaler des ours sur un vélo ;

• enfermer des dauphins dans une piscine pour les contraindre à faire tourner des ballons sur leur nez ;

• consommer du lait de vache ou de chèvre quand on est un être humain adulte ;

• etc.

Toutes ces sortes de choses sont naturelles et de bon aloi. Alors que donner des croquettes végétales à un Poupoune… Houlala ! ce serait une forfaiture contre nature !

Mais oui ! Mais oui ! Je vais vous parler du lieutenant Caulombo ! J'y arrive justement.

Complètement largué par cette notion de « nature », je prends aimablement congé de mes hôtes et je rentre chez moi. J'ai dans l'idée de demander de l'aide au lieutenant Caulombo. Il n'habite pas très loin de chez moi.

Nous nous sommes croisés quelques fois et il m'a toujours salué avec un aimable sourire. Cela m'encourage à prendre contact avec lui.

Vous devez savoir qu'après avoir exercé longtemps pour la criminelle, le lieutenant Caulombo est à présent employé par le Bureau d'Investigation des Idées Inexplicables, dont le sigle est B.I.I.I (couramment appelé B3I), qu'il a lui-même contribué à fonder.

Comme il demeure à quelques pâtés de maisons de chez moi, je décide d'aller sonner à sa porte. Il doit être chez lui, car sa vieille Peugeot grise est garée sous les tilleuls devant sa maison. J'appuie sur la sonnette. Trois secondes plus tard, c'est lui qui ouvre :

— Monsieur Peter Faulk ! s'exclame-t-il. Bonjour !

Je suis très surpris qu'il ait retenu mon nom et j'en suis très flatté.

— Bonjour, Lieutenant Caulombo ! Je voudrais vous parler de quelque chose qui me préoccupe. Auriez-vous un peu de temps à me consacrer ?

— Bien sûr, je vous écoute. Flânons un peu dans le lotissement, vous m'expliquerez tout.

Tandis que nous marchons calmement, je lui raconte tout au sujet de ce qui me préoccupe. Je n'oublie rien : Poupoune, Mimie, les croquettes contre nature, alors que le fromage… Apparemment très intéressé par le sujet, il se touche de temps en temps le front ou la tête et prend des notes sur son calepin.

Notre discussion prend cependant fin au bout d'une demi-heure, car il doit interroger quelqu'un pour une autre affaire. S'engageant à réfléchir à la mienne et à passer me voir demain dès que possible, il prend congé de moi sur cette promesse.

*

Ma nuit est très agitée ; je rêve que Poupoune voyage dans le temps, avec son pull vert et son chouchou sur la tête. Accompagné par deux amis, un basset teckel et un chihuahua, il se retrouve dans un très lointain passé. Tous les trois expliquent à une meute de loups que dans le futur une écrasante majorité de leurs descendants leur ressembleront et qu'ils feraient bien, d'ores et déjà, de s'entraîner à manger des poissons des profondeurs océaniques déshydratés.

*

Le lendemain en début d'après-midi, le lieutenant Caulombo est chez moi. Nous sommes attablés dans le jardin à l'ombre de mon sycomore.

Le célèbre détective me regarde avec son célèbre sourire mystérieux puis se met à fouiller dans toutes les poches de son célèbre imperméable pour en sortir son célèbre calepin. Il le consulte à bout de bras, car il est visiblement presbyte.

— J'ai pris des notes, me dit-il.
— Oui ?

J'ouvre mes oreilles comme un hippopotame ouvre la bouche quand il bâille.

— Voyons, voyons… Où ai-je écrit ça ?… Ma femme me dit souvent que je vais finir par me perdre dans ce carnet et qu'on ne me retrouvera jamais… Ah, voilà ! j'ai trouvé. J'ai noté deux usages principaux différents du mot « nature ». Car tout vient de là, n'est-ce pas ? Si nous voulons comprendre ce que signifie « naturel » ou « contre nature » nous devons bien connaître le mot nature.

— Certes ! acquiesçai-je. Je ne sais pas pour vous, mais pour moi, ça ne va pas de soi.

— Je vais vous dire ce que j'ai pu comprendre à ce stade. J'ai trouvé ça dans l'encyclopédie de ma femme. Vous savez, ma femme a une encyclopédie… Mais bon ! je ne sais pas pourquoi je vous dis ça. Venons-en aux faits. Donc, je vous parlais de deux significations.

Il baisse son carnet pour me regarder :

— Je vous écoute.

— Premièrement : dans son usage le plus courant, ce mot désigne les paysages qui nous entourent. Les arbres, les prés, les fleurs, les lacs, les montagnes, les cours d'eau, les mers… tout ce genre de choses. Il est très probable que les arbres, les prés, les fleurs, les lacs, les montagnes, les cours d'eau, les mers… se moquent éperdument de ce qu'on donne à manger aux chiens et aux chats. Ce n'est donc pas cette nature-là que nous offensons par ce choix alimentaire pour nos animaux. Pas vrai ?

J'opine franchement d'une mimique explicite. Il tourne une page de son carnet, lit quelques secondes et poursuit :

— Pour synthétiser cette acception, dans un sens moins bucolique, le mot « nature » veut dire : tout sauf nous. Nous les êtres humains, et ce qui vient de nous. Nous ne faisons donc pas partie de la nature. Par exemple, un barrage construit par nous n'est pas naturel alors qu'un barrage construit par des castors est naturel. Une maison ou une ville ce n'est pas naturel, alors qu'un terrier, un nid ou une termitière c'est naturel. Vous me suivez ?

— Parfaitement, Lieutenant.

— Donc, dans ce cas, par définition, tout ce que nous faisons, de quelque manière que nous le fassions, n'est pas naturel. Qu'importe ce que nous pourrions donner aux chiens et aux chats, ce ne serait pas naturel, car le simple fait de leur donner à manger n'est déjà pas naturel, puisqu'il s'agit d'une intervention humaine.

Il se tait un moment comme pour s'assurer que je l'écoute.

— Vous avez toute mon attention, Lieutenant.

— Je vais parler de la deuxième signification à présent. Vous allez voir qu'elle est en contradiction avec la première puisque celle-ci nous inclut. Scientifiquement, « nature » est un synonyme de « Univers ». C'est-à-dire que ce mot désigne le grand tout. On parle, par exemple des quatre forces fondamentales de la nature, ou des lois de la nature. Bien sûr, il ne s'agit pas, comme dans la législation humaine, de lois auxquelles nous devons obéir, mais de lois auxquelles nous ne pouvons pas désobéir. Rien dans tout l'Univers n'est capable de se soustraire aux lois de la nature. Il serait donc ridicule d'imaginer que la nature pourrait nous désapprouver en cas de désobéissance, puisque nous sommes incapables d'enfreindre ses lois. Pas plus qu'un caillou n'est capable de tomber vers le haut pour faire la forte tête. Comme les cailloux, nous sommes des produits de la nature soumis à ses lois. Donc, dans ce cas, par définition, tout ce que nous faisons, de quelque manière que nous le fassions, est forcément naturel. Même donner des croquettes végétales aux chiens et aux chats.

— D'accord, Lieutenant. Ce n'est donc encore pas cette nature-là que nous offensons en donnant telles ou telles croquettes à nos animaux de compagnie.

— Nous sommes d'accord ! Ce n'est pas cette nature-là non plus.

Déçu, je demande :

— Mais alors ? Que veut dire « ce n'est pas naturel » et « c'est contre nature » dans le cas des croquettes ?

Il tire une bouffée ou deux sur son cigare en se grattant la tête. Puis un œil à moitié fermé à cause de la fumée, il me fixe un moment, tourne une page de son carnet et demande :

— Avez-vous du feu, s'il vous plaît ? Mon cigare est en train de s'éteindre.

— Bien sûr, Lieutenant.

Je vais chercher un briquet dans la maison et je reviens lui donner du feu. Il aspire calmement deux bouffées, me regarde d'un air énigmatique, tourne une page de son carnet et déclare :

— On est bien dans ce quartier, pas vrai ?

— Oui, oui… J'y suis bien.

— C'est ma femme qui a eu l'idée d'habiter ici. Elle a beaucoup insisté. Finalement, je ne le regrette pas.

Prenant conscience que je suis étonné par son brusque changement de propos, il reprend :

— Penchons-nous à présent sur l'expression « contre nature ». Elle donne à penser que la nature possède une volonté et que si nous agissons contre son bon vouloir nous risquons de la contrarier ; certains redoutent même d'être punis d'une certaine manière. Il est pourtant facile de trouver un exemple, parmi tant d'autres, ou c'est une très bonne idée de s'opposer à la nature. Une des quatre forces fondamentales de la nature, l'attraction universelle, appelée aussi gravitation, fait que nous tombons en chute libre dès qu'il n'y a plus de support sous nos pieds. Nous connaissons un moyen efficace de nous opposer à l'effet de cette force en cas de chute justement. Il s'appelle le parachute. On pourrait dire que ce dispositif est contre nature. La nature n'a pourtant jamais puni un parachutiste d'utiliser un parachute qui « désobéit » à l'effet de la force d'attraction universelle ; elle n'a pas non plus récompensé quelqu'un pour avoir sauté sans parachute ; les conséquences d'une telle imprudence semblent même prouver l'inverse. Il est très difficile d'imaginer une action susceptible de déchaîner le courroux de la nature, car celle-ci n'a pas plus de pensée qu'un caillou. Si vous jetez un caillou en l'air, bien à la verticale, il vous retombera sur la tête, mais pas parce que vous avez agi d'une manière contre-caillou, car le caillou s'en moque qu'on le lance comme ceci ou comme cela. Simple caillou qu'il est, il n'a aucune intention. Pour la nature, c'est la même chose : son comportement lui est imposé par ce que nous appelons ses lois.

— Si j'ai bien suivi, Lieutenant, l'expression « contre nature » n'a pas plus de sens que l'expression « contre cailloux ».

— À ce stade de mon enquête, c'est ce que j'en conclus, en effet. Pour poursuivre mes investigations, rencontrer vos voisins me serait sans doute utile. J'ai quelques questions à leur poser, parce qu'il y a quelques détails qui me tracassent. Et, moi, vous savez... quand quelque chose me tracasse, ça me tourne dans la tête, ça ne s'arrête plus. Ma femme le voit bien d'ailleurs, quand quelque chose me tracasse.

— Je vais faire tout ce que je peux pour que vous puissiez les rencontrer au plus tôt, Lieutenant.

*

J'ai organisé la rencontre. Le lendemain, en début d'après-midi, Caulombo arrive, vêtu de son éternel imperméable, au volant de son atemporelle Peugeot grise qu'il gare sous les tilleuls du parking. Je vais à sa rencontre. Aussi ébouriffé que d'habitude, il sort de son vaillant véhicule dont la porte grince en se refermant. Nous nous serrons chaleureusement la main.

— Bonjour, Lieutenant ! Venez, ils vous attendent.

— Bonjour, Monsieur Faulk ! Je vous suis.

Les Untel nous accueillent poliment, mais un peu guindés.

— Bonjour, m'sieur-dame ! Je suis le lieutenant Caulombo, détective d'investigation des idées inexplicables.

— Entrez, Lieutenant, entrez ! s'exclame, M. Untel.

*

Nous sommes sur la terrasse du couple qui subvient aux besoins de Poupoune. Devant nous s'étend une pelouse surveillée par quelques nains de jardin.

— Ah, si ma femme voyait ça ! s'exclame le lieutenant en montrant une petite fontaine qui fait entendre un léger bruit d'eau. Elle adore ce genre de choses, ma femme.

Les Untel semblent flattés. Nous nous asseyons tous autour de la table sauf le lieutenant qui pose son séant sur un gros escargot en béton qui décore la terrasse. Avisant l'expression de surprise des Untel, il se relève aussitôt et présente ses excuses.

— Oh, pardon ! Je suis désolé.

Pendant que nos hôtes lui assurent qu'il n'y a aucun mal, il fouille dans toutes les poches de son imperméable. La fumée de son cigare coincé au bord des lèvres le fait grimacer. Il finit par trouver son calepin qu'il commence à consulter en s'asseyant, comme nous, sur une chaise près de la table.

— Voilà, dit-il. Non… Ce n'est pas ça… ça c'est la liste des commissions que ma femme m'a confiée… attendez… Je vais trouver… Ah ! Voilà ! Je voulais vous poser une question, m'sieur-dame ! Il s'agit de quelque chose qui me turlupine… vous savez, moi, quand quelque chose me turlupine…

Les Untel font montre de leurs dispositions à répondre par une expression faciale explicitement ouverte et aimable, mais l'arrivée du caniche distrait le lieutenant :

— Ah ! mais… ce doit être Poupoune, n'est-ce pas ?

Après quelques échanges de paroles diverses au sujet de ce lointain descendant de ce qui fut un loup, la conversation en rapport avec le but de cette rencontre reprend et le lieutenant commence à poser ses questions :

— Que pensez-vous de ce qui est naturel ? Par exemple les produits naturels, les cosmétiques, la nourriture, la médecine naturelle, les engrais naturels, tout ce genre de choses, quoi.

Nos hôtes disent tout le bien qu'ils pensent de tous les produits naturels et fustigent tout ce qui est chimique.

Le lieutenant tourne quelques pages de son calepin et dit :

— Vous semblez opposer la nature à la chimie. N'est-ce pas ?

— Ah, ça oui ! s'exclame le couple d'une seule voix.

Dans une attitude de grande réflexion, le détective lève sa main droite pour poser son index sur son front plissé et son pouce sur sa tempe.

— Eh, bien… Ce qui me tracasse, voyez-vous, c'est que… Je ne suis pas un scientifique, mais j'ai beaucoup consulté l'encyclopédie de ma femme. Et je suis certain d'avoir appris que dans la nature, il n'existe aucun corps, aucune substance, aucune matière qui ne soit pas chimique. Les plantes, l'air que nous respirons, votre cher Poupoune, nous-mêmes, tous les animaux du monde, la planète tout entière et tous les astres du cosmos. Tout cela est chimique. L'Univers tout entier est chimique. L'eau la plus pure est chimique : H_2O, n'est-ce pas ? Donc, comment faites-vous une différence entre un produit dit naturel et un autre dit chimique, puisqu'en fin de compte tous les deux sont chimiques ? Si vous pouviez apporter une réponse à cette question, vous m'aideriez beaucoup dans mon enquête.

Les Untel semblent embarrassés. Le lieutenant consulte son calepin, les regarde, consulte encore son calepin, puis ajoute :

— Non, décidément, je ne comprends pas. Je ne suis pas scientifique, comme je vous l'ai dit, mais quand vous me dites « un produit naturel ou chimique », c'est un peu comme si vous me disiez un bruit « naturel ou sonore ».

Je viens au secours des Untel qui semblent ne pas savoir comment s'en sortir :

— Peut-être que par « chimique », ils veulent dire : fait par les humains. Et par « naturel » : pas fait par les humains.

— Oui, bien sûr ! s'écrie le maître de Poupoune. C'est ça.

— Évidemment, c'est ce que nous voulons dire ! confirme sa femme.

Le lieutenant opine du chef :

— Comme ça, je comprends mieux… Merci.

Nos hôtes sont visiblement soulagés, mais le détective semble toujours très préoccupé :

— Je comprends beaucoup mieux. Vous n'opposez donc pas la nature à la chimie, mais ce qui existe sans notre intervention à ce que notre intervention transforme ou fait exister. N'est-ce pas ?

Manifestement un peu perdus, les Untel acquiescent de moyenne grâce. L'homme à l'imperméable permanent reprend :

— Je comprends beaucoup mieux, en effet, mais j'ai un autre problème du coup. Quelque chose d'autre me tracasse.

Il se touche le front, comme s'il pouvait à travers son crâne tâter ses pensées pour les retrouver.

— Quoi donc, Lieutenant ? s'enquiert Mme Untel.

— Eh bien… Si je ne me trompe pas… Le sida, la malaria, la pneumonie, la syphilis, la tuberculose, la salmonellose, la peste, la rage, le choléra, la maladie de Lyme, toutes les hépatites… toutes les maladies infectieuses sont d'origine naturelle. Tous les champignons mortels comme l'amanite phalloïde, les baies toxiques, les nombreux végétaux vénéneux, les tiques, les poux, tous les parasites en général, les mycoses, la gale… sont des œuvres de la nature. La prédation. Les cyclones, les tempêtes, les tsunamis, les grandes sécheresses et les inondations, les tremblements de terre… toutes les catastrophes naturelles sont par définition naturelles.

Le lieutenant observe le couple en affichant l'expression sincère de quelqu'un qui essaie de résoudre un problème qui le travaille. Il boit sa tasse de café d'un seul coup et la repose sur la table :

— Serait-ce abusé de vous en demander encore un peu, s'il vous plaît ? J'ai très mal dormi cette nuit, voyez-vous, avec toutes ces questions qui me hantent.

Monsieur Untel dit qu'il n'y a pas de mal puis se précipite dans la cuisine et revient avec la cafetière pour servir le détective.

— Merci beaucoup, Monsieur Untel ! Votre café est délicieux. Si tout ce qui existe à l'état naturel était vraiment mieux que tout ce qui est dû à notre intervention, vous préféreriez la rage au vaccin contre la rage, la grêle au confortable abri de votre maison. Vous aimeriez mieux grelotter que vous chauffer, subir la fièvre que de prendre un fébrifuge. Pour résumer, vous partiriez nu dans la campagne ou dans une jungle quelconque pour y vivre comme un lapin, un singe ou n'importe quel animal sauvage. Vous pourriez éventuellement cultiver un peu de terre, à condition toutefois de la creuser et la retourner avec les mains, car les outils de métal que vous connaissez ne sont pas naturels, puisqu'ils sont de fabrication humaine.

Les Untel conviennent que tout ce qui est naturel n'est pas forcément bienfaisant et que tout ce qui vient de l'être humain n'est pas nécessairement inquiétant ou dangereux. L'homme à l'imperméable antédiluvien conclut :

— Nous devons donc convenir que dire de quelque chose que c'est naturel pour sous-entendre que c'est meilleur ou sans danger n'a aucun sens et que la mention « naturel » n'est qu'un argument marketing, sans aucune réelle signification. Je vais donc inscrire cette idée dans la liste des idées inexplicables du B3I. Je vous remercie pour l'aide que vous m'avez apportée, m'sieur-dame. Croyez bien que je ne manquerai pas de parler de votre aimable assistance à mes supérieurs.

Le détective se lève :

— Je dois vous laisser à présent. Au revoir et encore merci beaucoup, Madame et Messieurs.

Les Untel exhibent la tête de quelqu'un qui serait partagé entre deux sentiments : d'un côté, la fierté d'avoir contribué à une enquête du B3I, de l'autre, l'embarras de devoir remettre certaines de leurs idées en question.

— On ne vous chasse pas ! dit la « maman » de Poupoune.

— Sûr que non ! ajoute son mari.

Mais le lieutenant est déjà dans le couloir, prêt à sortir. Monsieur Untel s'apprête à aller lui ouvrir la porte, mais l'enquêteur revient avec deux doigts sur le front :

— Oh ! s'exclame-t-il. J'allais oublier ! J'ai une dernière question.

Le couple l'encourage à la poser.

— C'est une question personnelle, prévient-il. Que pensez-vous de l'alimentation dite naturelle ?

Pour ce qui est de la nourriture, les deux époux assurent que le naturel est certainement mieux.

— Par exemple ? demande l'homme à la 403 grise héroïque.

— Je ne sais pas, moi... les fruits et les légumes, par exemple. Le plus naturel possible, c'est mieux, assure Mme Untel.

— Le plus naturel possible... voulez-vous dire des végétaux sauvages, par exemple ?

— C'est sans doute ce qu'il y aurait de mieux, oui.

— Ça alors ! Quelle coïncidence ! Figurez-vous que ma femme se passionne pour l'origine des fruits et légumes. Je vais vous montrer quelque chose.

Le lieutenant passe au peigne fin toutes les poches de son imperméable :

— Où ai-je mis ça encore ?... Ah, voilà !

Il pose une photo sur la table :

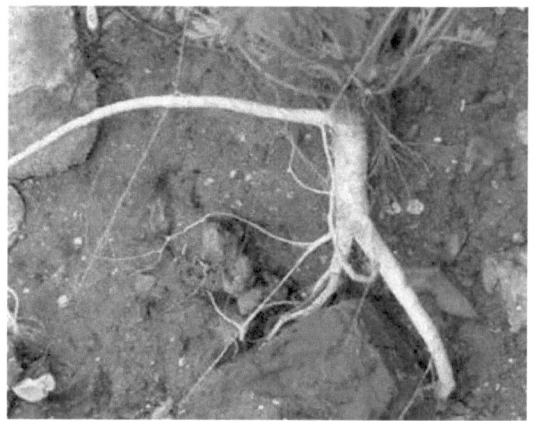

Qui de vous pourra me dire ce qu'est cette chose ? C'est ma femme qui m'a mis au défi de le deviner. J'avoue que je me suis longtemps creusé la tête avant qu'elle ne me donne la solution parce qu'en fait je ne trouvais pas. Alors, serez-vous meilleurs que moi ?

— Une sorte de racine visiblement, dit M. Untel.

— Une espèce de drôle de navet difforme ? propose sa femme.

Plutôt que de dire une énormité, je préfère questionner :

— Ça se mange ?

— Ceci est une carotte sauvage, m'sieur-dame.

*

À la fin de son enquête, le lieutenant Caulombo a rédigé son rapport pour le B3I. Et… vous savez quoi ?

J'ai eu l'honneur et la joie d'être embauché par l'administration pour l'assister dans ses enquêtes et la rédaction des rapports.

Bureau d'investigation des idées inexplicables

Détective d'investigation : Lieutenant Caulombo

Assistant-rédacteur : Peter Faulk

Enquête sur les idées véhiculées par l'emploi des termes « naturel », « contre nature », et « chimique ».

• « C'est naturel » ou « c'est chimique »

Ce produit est chimique alors que celui-ci est naturel n'a aucun sens, car il n'existe rien de matériel dans l'Univers qui ne soit pas chimique.

Conclusion : « L'idée qu'une substance, dite naturelle, puisse ne pas être chimique » est une idée inexplicable.

• « C'est naturel » ou « ce n'est pas naturel »

Préciser qu'un produit est « naturel » pour sous-entendre qu'il est de meilleure qualité ou qu'il est sans danger n'a aucune signification. Il s'agit la plupart du temps d'un pseudoargument purement commercial. Condamner quoi que ce soit, au seul motif que ce n'est pas naturel, n'a aucun sens, puisque ce qui existe hors de toute intervention humaine n'est pas systématiquement bon. En effet, s'il est indéniable que certaines actions humaines sont nuisibles, funestes et condamnables, il demeure toujours vrai que nombre de choses indésirables existent hors de notre responsabilité.

Conclusion : l'idée que quelque chose de naturel est forcément meilleur que quelque chose d'artificiel est une idée inexplicable.

• « C'est contre nature »

Si on utilise le mot « nature » pour signifier : tout ce qui existe sauf ce qui a un rapport avec l'être humain, définition Larousse :

> Ensemble des principes, des forces, en particulier de la vie, par opposition à l'action de l'homme.

Toutes nos actions sont par définition « contre nature ».

Si on utilise le mot « nature » pour signifier : tout ce qui existe, y compris l'être humain, définition Larousse :

> Le monde physique, l'Univers, l'ensemble des choses et des êtres, la réalité.

Dans ce cas, aucune de nos actions n'est par définition « contre nature » puisque nous sommes des produits de la nature.

Conclusion : « être contre nature » est une idée inexplicable.

*

Voici donc comment j'ai eu la chance de faire la connaissance du célèbre détective et de trouver un emploi au B3I.

En réalisant que donner des croquettes végétales à un chien est pour beaucoup « contre nature », alors que manger du fromage est pour les mêmes « naturel », je finis par me demander si « contre nature » n'est pas tout simplement employé pour dire : « contre mes habitudes », « contre les idées préconçues du moment », tout simplement « contre la doxa ».

Appel à la majorité

L'appel à la majorité, en latin *Argumentum ad populum*, est un sophisme qui veut admettre qu'une chose est vraie si la majorité des gens la tient pour vraie. Ainsi, selon cette criante manifestation de troupeau-tropisme, à l'époque où tout le monde pensait que la Terre était plate… elle ne pouvait qu'être plate.

Biais de confirmation

Le « biais de confirmation d'hypothèse », plus couramment simplement appelé « biais de confirmation », est un des biais cognitifs les plus courants.

C'est une sorte de bouclier mental sélectif, perméable à ce qui conforte notre point de vue, mais imperméable à ce qui pourrait le mettre en doute. Il est la tendance à sélectionner en priorité les informations qui confirment les croyances ou les idées déjà installées dans notre esprit. Ce biais est particulièrement robuste quand il concerne l'éthique ou la politique.

Infecté par le biais de confirmation, un esprit accordera beaucoup plus d'attention aux sources confortant son point de vue qu'à celles qui le contredisent ; ces dernières seront lues avec négligence et suspicion, si elles ne sont pas simplement écartées dès les premières lignes qui auront permis de deviner ce qui allait suivre. Il aura également des facilités pour interpréter des informations ambiguës de manière qu'elles étayent son point de vue. Orienté par le biais de confirmation, on n'est pas en quête d'information, mais de confirmation. On n'est pas guidé par la curiosité, par une recherche de vérité, ou par un désir de vérifier la qualité de son point de vue, mais par le besoin d'avoir raison.

Biais de statu quo

Ce qui est nouveau étant considéré comme plus risqué qu'avantageux, on préfère ne rien changer. Oui, le terme « biais de statu quo » classe simplement la néophobie dans les biais cognitifs.

Dissonance cognitive

La dissonance cognitive est la tension psychique ressentie lorsque notre comportement entre en contradiction avec nos croyances ou nos idées. Ce terme a été employé pour la première fois en 1957 par le psychologue Leon Festinger dans son livre *A theory of cognitive dissonance*. Le psychologue y parle des stratégies natales destinées à réduire la tension psychologique et à retrouver la cohérence entre nos pensées.

Un homme amoureux de sa femme, dont l'éducation ou la culture lui recommandent de la dominer, éprouvera une forte dissonance cognitive. Il tentera de la réduire en essayant de trouver des justifications : « Elle le mérite un peu » ; « C'est pour son bien » ; « Les femmes ont besoin de ça, c'est leur nature » ; « C'est comme ça depuis la nuit des temps »… Ou il fera ce qu'il peut pour ne pas y penser (déni).

Une femme amoureuse de l'homme qui bat son enfant, qu'elle aime aussi, éprouvera aussi une forte dissonance cognitive. Elle essaiera de l'atténuer : « C'est pour son bien » ; « Il ne le tape pas si fort » ; « Les fessées n'ont jamais tué personne »… Ou elle fera ce qu'elle peut pour ne pas y penser (déni).

La dissonance cognitive la plus répandue est « le paradoxe de la viande ».

Cette dissonance, étudiée en psychologie, est provoquée par la contradiction entre, d'une part, penser très sincèrement aimer les animaux, d'autre part, les manger et participer à leur exploitation. Les stratégies d'évitement du malaise psychologique sont nombreuses et variées : « Le lion mange la gazelle » ; « Ils ont été élevés pour ça » ; « La chaîne alimentaire » ; « Les végétaux souffrent aussi » ; « C'est comme ça depuis la nuit des temps »… Une autre de ces stratégies consiste à attribuer des capacités mentales inférieures aux animaux qu'on mange[14].

Et bien sûr, là aussi, le refus d'y penser (le déni). Un déni qui peut conduire jusqu'à l'agacement, voire la colère, si quelqu'un invite à y réfléchir.

Il est également connu que les bourreaux s'efforcent de limiter leur dissonance cognitive en déshumanisant leurs victimes et en se trouvant des excuses : « Je l'ai tué, ou torturé, mais il le méritait ».

---

14 Il a pourtant été démontré que les cochons sont plus intelligents que les chiens. Et, en d'autres circonstances, qui penserait qu'un prix Nobel de physique a plus le droit de vivre que le commun des mortels ?

Le titre de ce livre eût pu être

Combien y a-t-il d'idées clandestines à bord de votre esprit ? (Trop long.)

ou

Qu'est-ce qui est vous dans tous ces trucs en vous ? (Encore long.)

ou

Qu'est-ce qui est de vous, en vous ?

ou

À quel point êtes-vous vous ?

ou

Où est le pur vous, en vous ?

ou

Où êtes-vous, dans vous ?

ou

Filtrez votre vrai vous ! (Pas trop long, mais pas très explicite non plus ! Ça me fait penser à un filtre à café.)

ou

Purifiez-vous ! (Oui, c'est court, mais ça fait gourou exalté)

ou

Vous ? (Très court, mais on n'y comprend absolument rien !)

Quoi qu'il en soit le titre est bien : *Qui vous conduit ?*

Conclusion

Notre conscience de soi ne fonctionne pas à plein temps. Autrement dit, nous ne sommes pas au volant de nous-mêmes d'une manière éclairée à chaque instant de notre vie, même lorsque nous ne dormons pas. Nous agissons majoritairement en pilote automatique.

Quand notre conscience de soi tente de reprendre le volant, outre les limites intrinsèques du cerveau humain, de nombreuses idées clandestines, bien cachées dans les tréfonds de notre inconscient, conditionnent nos choix, nos comportements, nos réactions et notre manière de tout concevoir. Nombre de sophismes et biais cognitifs s'agrippent à notre volant. Le troupeau-tropisme place moult barrières et déviations sur le vaste réseau routier de nos pensées.

Que reste-t-il de nous ? De ce que nous sommes vraiment ?

En fait, étant des animaux sociaux, nous sommes tous un peu de tous.

Nous sommes tous un peu de tous pour le meilleur et pour le pire.

Pour le meilleur parce que les autres nous influencent énormément sur le plan intellectuel. Nombre de leurs idées enrichissent notre esprit. Elles sont le fertile humus de nos propres constructions mentales.

Pour le pire parce que les autres nous influencent énormément sur le plan intellectuel. Nombre de leurs idées encombrent notre débarras mental. Tant de ces vieux automatismes s'emparent de notre volant pour nous conduire sur des voies non choisies en toute conscience.

Pour être soi, seulement soi, il faudrait naître dans une absolue solitude, à l'abri de toutes les influences. La vacuité de notre esprit serait alors vertigineuse ! Il ne contiendrait que quelques embryons de concepts nés de ce que nous recueillerions de nos sens. Je ne pense pas que ce serait souhaitable.

Mais si être seulement soi n'est pas souhaitable, nous pouvons aspirer à choisir qui nous voulons être, au moins en partie, en faisant le tri de nos idées clandestines.

Espérer être soi, seulement soi, un soi entièrement inventé par nous-mêmes serait un manque manifeste d'humilité et un désir impossible à satisfaire. Impossible à satisfaire parce qu'il faudrait, avant même d'être conçu : déjà le décider, puis parvenir à tout mettre en œuvre pour naître seul et isolé de tous.

Le désir d'être un pur soi-même est donc insane. Mais, aspirer à modeler, ajuster, régler, configurer son soi, au moins en partie, me semble une ambition tout à fait raisonnable et accessible. Nous pourrons tendre petit à petit vers ce but, à notre rythme, en faisant le tri de nos idées clandestines. Les examiner chacune sous tous les angles afin de déterminer si nous souhaitons : les garder telles quelles, plus ou moins les modifier, ou nous en débarrasser radicalement. C'est là un travail gratifiant suffisamment ardu pour occuper toute une vie.

Index lexical

Adam Hochschild..15
Antoine Comiti...19
Appel à la majorité...93
Appel à la nature..59
Appel à la tradition..8
Argumentum ad antiquitatem...............................8
Arthur Schopenhauer..22
Biais de confirmation...93
Biais de statu quo...94
Bury the Chains..15
Conscience de soi...27
Dawkins..41
Descartes..55
Descendants de la prudence..................................7
Discours de la méthode......................................55
Dissonance cognitive...95
Drexler...42

Duhamel	14
E paradoxe de la viande	96
Emily Davison	20
Engines of Creation	42
Esclavage	15
Expériences de Solomon Asch	40
Georges Duhamel	14
Gil Blas	12
Guillotine de Hume	10
Homme de paille	57
Idées clandestines	23
Kim Eric Drexler	42
Le tropisme normatif des mots	37
Leon Festinger	95
Les enfants de l'égocentrisme	49
Les engins créateurs	42
Lieutenant Caulombo	91
Loi de Hume	10
Mème	41
Néophobie	12
Paul Watson	20
Pouvantail	57
René Descartes	55
Richard Dawkins	41
S'écarter du troupeau	44
Schopenhauer	22

Sea Shepherd..20
Solomon Asch...40
Sophismes, biais cognitifs................................55
Suffragette...20
The Selfish Gene..41
Thomas Clarkson..20
Troupeau-tropisme..43
Utiliser le troupeau-tropisme pour convaincre..........43
Watson..20